글 | 김현숙

이화 여자 대학교에서 국어 국문학을 공부했고 오랫동안 출판사에서 책 만드는 일을 했어요. 지금은 프리랜서로 일하면서 어린이 책을 기획, 편집하고 직접 글을 쓰기도 해요. 이 글을 쓰는 동안 패션 디자이너를 만나 생생한 체험담을 들을 수 있었는데, 화려한 겉보기와 달리 매우 힘들고 어려운 직업이라는 것을 알게 되었어요. 하지만 유행을 이끌어 가는 패션 리더로서의 자부심도 컸지요. 많은 어린이들이 패션 디자이너의 매력뿐만 아니라 그 뒤에 숨어 있는 어려움도 함께 느낄 수 있으면 좋겠어요.

그림 | 조신애

서양화를 공부하고 2002년에 서울 일러스트 공모전에서 금상을 받았어요. 동화책 읽는 것을 좋아해서 그와 관련된 일을 하게 되었지요. 동화책은 어린이들에게 무한한 상상력을 불어넣어 줍니다. 아이들이 책을 통해 다양한 경험을 하고 꿈을 꾸면 좋겠어요. 꿈은 무엇이든 가능하게 하는 원동력이니까요. 그러기 위해서 저도 많은 것을 경험하고 공부하여 어린이들에게 그림을 통해 꿈을 전달할 수 있도록 노력하고 있어요.
《패션 디자이너가 될 테야》는 오일 파스텔을 사용하여 회화적인 느낌을 살려 보려 했습니다. 또 사실적인 표현을 위해 콜라주 방식을 이용했지요. 자유로우면서도 회화적인 감각이 생생하게 살아 있도록 표현하려 애썼습니다.

감수 | 이경아

대학에서 의류 디자인을 전공한 뒤, 성림텍스타일러즈의 의류 브랜드인 애녹과 국동의 나프나프, 에스콰이어의 비아트에서 패션 디자이너로 일했어요. 그 뒤 한일합섬의 레쥬메와 신형물산의 비꼴리끄, 아마넥스의 아날도바시니에서는 디자인 실장으로 여성복을 만들었지요. 새롭고 멋지면서도 편한 옷을 만들기 위해 항상 공부하는 마음으로 열심히 노력하고 있습니다.

탄탄 미래직업 속으로 패션 디자이너가 될 테야

글 김현숙 | 그림 조신애 | 감수 이경아 | 기획 편집 아우라(김수현, 박선희, 김현숙) | 디자인 인앤아웃(김화정, 장승아, 김미선)
제작책임 강인석 | 제작 유정근 | 분해 신영칼라 | 종이 (주)아이피피 | 인쇄 인탑 | 제책 (주)영림인쇄

펴낸이 김동휘 | 펴낸곳 여원미디어(주) | 주소 경기도 파주시 교하읍 문발리 파주출판도시 519-1 탄탄스토리하우스
판매처 한국가드너(주) | 출판등록 제406-2009-0000032호 | 전화번호 080-523-4077 | 홈페이지 www.tantani.com
ⓒ여원미디어 ISBN 978-89-6168-580-1 · ISBN 978-89-6168-574-0(세트)

※ 이 책은 저작권법에 따라 국내에서 보호 받는 저작물이므로, 무단으로 이 책 내용의 전부 또는 일부를 복사, 복제, 배포하거나 전산 장치에 저장할 수 없습니다.
△ 주의 1. 책 모서리가 날카로워 다칠 수 있으니 사람을 향해 던지거나 떨어뜨리지 마십시오. 2. 보관할 때 직사광선이나 습기 찬 곳은 피해 주십시오.

패션 디자이너가 될 테야

글 김현숙 그림 조신애 감수 이경아

여원◆이디어

이제 막 패션쇼가 끝났어요. 진보라 실장이
밝은 미소를 띠고 모델들과 걸어 나와 인사를 해요.
"역시 진 실장은 최고의 패션 디자이너야!
진 실장이 만든 옷은 입고 싶은 마음이 절로 든단 말이야."
여기저기서 우레와 같은 박수 소리와 칭찬, 환호성이 쏟아져요.
지금 이 순간, 진보라 실장은 이 세상 누구보다 행복해요.
항상 새로운 디자인을 생각해 내는 일이 쉽지는 않지만
멋진 옷을 창조하는 것만큼 황홀하고 매력적인 일도 없으니까요.
특히 오늘처럼 많은 사람들이 좋아하고 인정해 줄 때에는 더욱 그렇지요.

# 또다시 시작된 바쁜 하루

진보라 실장은 여성복을 만드는 패션 의류 회사에 다녀요.
패션 디자이너가 된 지 올해로 11년째,
디자인실의 대장 노릇을 하는 실장으로 일하지요.
어제 패션쇼가 끝났지만 하루도 느긋하게
쉴 수가 없어요. 진 실장은 옷을 디자인하는
일 말고도 해야 할 일이 아주 많거든요.

아침에 출근하면 옷 만드는 공장과 옷감 회사 등에 전화를 해서 디자인한 옷들이 잘 만들어지고 있는지 확인해요.

짬짬이 인터넷으로 다양한 패션 정보를 찾아보아요.

일요일은 진보라 실장이 모처럼 편안하게 쉴 수 있는 날이에요.
주말에도 바쁜 일이 생기면 회사에 가야 하지만 되도록 여유롭게
지내려고 해요. 그래야 다음 일주일 동안 열심히 일할 수 있거든요.
진 실장은 오늘 느지막이 아침을 먹은 뒤 미술관에 갔어요.
늘 새롭고 멋진 옷을 디자인해야 하는 진 실장은 좋은 아이디어가
많이 필요해요. 그래서 미술관과 영화관, 책방에 자주 들르곤 하지요.
미술관 여기저기를 둘러보던 진 실장이 〈이상한 나라의 앨리스〉
그림 앞에 멈춰 서서 한동안 뚫어져라 바라보며 생각해요.
'어렸을 때 읽은 동화의 한 장면이네! 정말 재미나게 읽었는데.
아, 맞아! 여기서 좋은 아이디어를 얻을 수도 있겠는걸. 동화책을
다시 한 번 읽어 봐야겠다.'

동화책에서 아이디어를 찾아내다

진 실장이 책방에서 사 온 《이상한 나라의 앨리스》를 책상 위에 펼쳐 놓고 깊은 생각에 빠져 있어요. 이번에 회사에서 젊은이들을 위한 캐주얼복을 만들 계획이라 새로운 아이디어를 생각해 내야 하거든요. 새롭지만 낯설지 않은, 그러면서도 사람들이 좋아할 만한 디자인을 찾아내느라 진 실장은 며칠째 머리를 싸매고 끙끙거리던 참이에요.

그런데 동화책에 나오는 카드 무늬를 보는 순간 좋은 아이디어가 떠올랐어요.

'이 카드 무늬를 이용하면 독특한 디자인이 나오겠는걸. 토끼가 들고 다니는 시계도 다양하게 변화시키면 괜찮을 것 같고…….'

미술관에서 우연히 본 그림 한 점, 동화책의 한 장면이 멋진 디자인 아이디어로 발전한 것이지요.

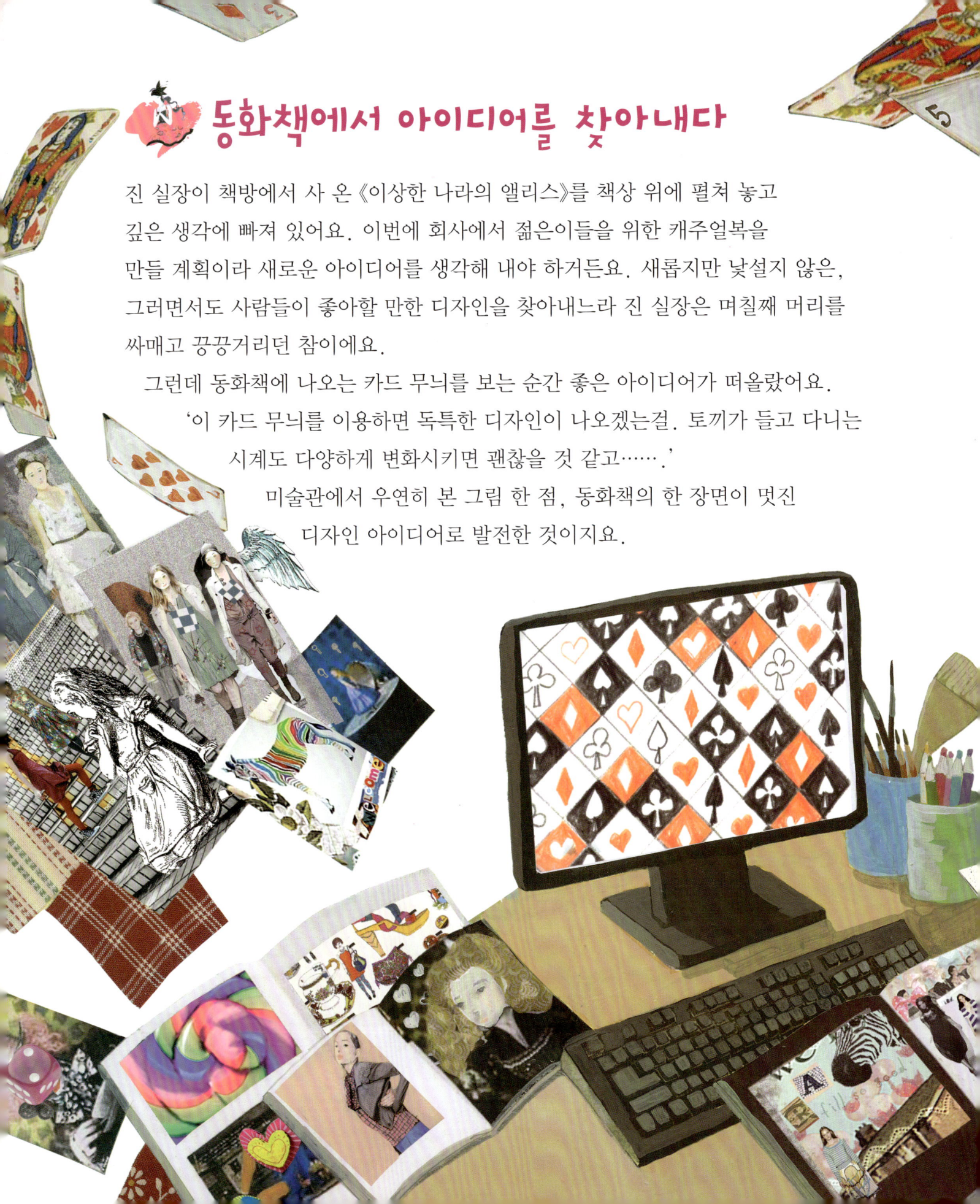

진 실장이 새 아이디어를 바탕으로 디자인의 기본 방향을 정한 뒤, 디자이너들과 함께 이미지 맵*을 짜고 있어요. 이번 주 안으로 이미지 맵을 완성해야 하기 때문에 디자이너 모두가 제시간에 퇴근도 못하고 늦은 밤까지 열심히 일하고 있지요. 이미지 맵을 짜면서 회의를 하는 동안 신제품에 대한 좋은 아이디어들이 많이 나와서 진 실장은 피곤함도 잊은 채 신 나게 일하고 있어요.

앞으로 만들 예쁘고 멋진 옷을 떠올리는 것만으로도
진 실장은 가슴이 설레었어요. 이렇게 새 옷을 만들 때면 패션 디자이너가 되기를
정말 잘했구나 싶은 생각이 들지요.

이미지 맵 그림이나 사진을 이용하여 앞으로 만들 옷의 전체적인 느낌과 특징을 나타낸 것이에요. 여러 패션 잡지와 인터넷에서 찾은 사진들, 또 해외 출장 때 모은 자료 가운데에서 알맞은 것을 골라 가위로 오리고 풀로 붙이고 그림을 그려 이미지 맵을 만들지요.

이미지 맵이 완성되자, 진보라 실장은 디자이너들에게 숙제를
내 주었어요. 한 사람당 20가지씩 디자인을 해 오게 했지요.
"후유, 오늘 밤부터 다시 잠과의 전쟁이 시작되는구나."
디자인 숙제를 다하려면 밤늦게까지 일할 때가 많아서 대개
서너 시간밖에 못 자요. 때로 밤을 꼬박 새울 때도 있고요.
디자인 숙제가 끝나면 다시 한자리에 모여 회의, 또 회의를 해요.
이때쯤이면 모두 피곤에 절어 눈이 토끼처럼 빨갛게 되지만
눈빛만은 초롱초롱 살아 있지요. 자신이 디자인한 옷을
동료들에게 평가 받는 시간이니까요.

"막내의 디자인 솜씨가 보통 아닌걸. 이 티셔츠, 정말 마음에 드네."
진보라 실장이 칭찬을 해 주자, 조금 전까지 졸음을 참지 못해 괴로워하던
막내 디자이너의 얼굴이 언제 그랬느냐는 듯 금세 환해졌어요.
"우아! 우리 막내 기분 좋겠는걸."
선배 디자이너들이 막내 디자이너를 한껏 격려해 주었어요. 이렇게 길고 힘든
회의 끝에 디자인이 결정되면 패턴실로 디자인을 넘겨 옷본을 만들게 한답니다.

드디어 샘플 옷 탄생!

샘플 옷이 잘 만들어지는지 살펴보러 패턴실에 간 연분홍 팀장이
진보라 실장에게 전화를 했어요.
"실장님, 잠깐 와 주시면 좋겠어요. 샘플 옷이 원래 디자인한 것과
좀 다르게 나와서요. 작업 지시서*를 넘길 때 허리선을 자연스럽게 들어가도록
해 달라고 했는데, 재단사*님은 그 이야기를 못 들었다고 하시고……."
샘플 옷을 만들려면 디자이너가 작업 지시서를 써서 패턴실과 샘플실로 보내요.
이때 디자이너의 생각을 재단사와 재봉사*에게 자세히 전달해야 하는데,
이 과정에서 서로 의견을 잘 주고받지 않으면 종종 다툼이 생기지요.
패턴실에 온 진 실장은 연분홍 팀장과 한꼼꼼 재단사의 이야기를 들어 본 뒤,
두 사람과 함께 무엇이 문제인지, 또 어떻게 고치면 좋을지 의논했어요.
이렇게 담당자들 사이에 다툼이 생겼을 때 중간에서 문제가 잘 해결되도록
도와주는 것도 진 실장이 해야 할 중요한 일이지요.

작업 지시서 옷을 만드는 설계도라고 할 수 있어요. 작업 지시서에는 옷의 길이와 치수를 모두 표시하고, 어떤 단추와 끈 등을 사용할지도 기록하지요. 또 옷감을 붙일 때는 옷감의 이름도 자세히 적어 놓아요.
재단사 디자인에 따라 옷본을 만들고, 그에 맞게 옷감을 자르는 일을 맡아 하는 사람이에요.
재봉사 옷본대로 잘라 놓은 옷감을 바느질하여 옷을 완성하는 사람이에요.

드디어 샘플 옷이 만들어져 디자인실에 도착했어요. 막내 디자이너가
피팅 모델*이 되어 샘플 옷을 입고 이리저리 걸어 봅니다. 옷이 제대로
만들어졌는지 알아보기 위해 몸을 구부렸다 폈다 하며 움직여 보기도 해요.
그러는 동안 진보라 실장은 샘플 옷을 꼼꼼하게 살펴보았어요.
"옷 모양은 잘 나왔는데, 단추가 옷하고 안 어울리네.
게다가 뒤쪽이니까 단추보다는 지퍼를 다는 게 훨씬 편하겠는걸."

피팅 모델이 샘플 옷을 입고 자유롭게 움직여 보아요. 불편한 부분이 없는지 알아보기 위해서예요.

원래 디자인한 것과 다르게 만들어진 곳은 없는지 꼼꼼히 살펴보아요.

옷과 어울리는 지퍼가 있는지 디자인실을 뒤졌지만 마음에 드는 게 없었어요. 진보라 실장은 아무래도 시장에 직접 나가서 샘플 옷에 어울리는 지퍼를 찾아보아야겠다고 생각했어요.

피팅 모델 샘플 옷이 잘 만들어졌는지 입어 보는 사람이에요. 옷에 따라 피팅 모델을 따로 구할 때도 있지만, 여성복의 경우에는 대개 막내 디자이너가 피팅 모델을 맡지요.

옷을 고칠 때 디자이너들이 쓰는 도구

핀과 핀 쿠션 고칠 부분이 생기면 핀으로 고정시켜요. 핀은 팔목에 차는 핀 쿠션에 꽂아 두고 쓰지요.

줄자 옷의 길이나 폭을 잴 때 써요.

쪽가위 족집게처럼 생긴 작은 가위로, 주로 실밥을 정리할 때 쓰지요.

초크 옷감에 선을 긋거나 표시를 할 때 쓰는 분필이에요.

가위 옷의 모양을 바꾸거나 필요하지 않은 부분을 자를 때 써요.

잘못된 부분이나 새롭게 고쳤으면 하는 부분을 표시하여 다시 샘플실로 보내요.

오늘 진보라 실장은 새 옷에 쓸 지퍼도 찾아보고, 또 요즘 들어 부쩍 힘들어하는 막내 디자이너도 다독일 겸 오랜만에 시장에 왔어요.
"디자이너로 일하는 게 생각했던 것과 많이 다르지?"
"네. 일주일에 세 번쯤 이렇게 시장에도 와야 하고, 샘플 옷을 잔뜩 들고 회사 안을 이리저리 뛰다 보면 정신이 하나도 없어요. 내가 디자이너 맞나 싶은 생각도 들고요."
많은 사람이 화려한 겉모습에 반해 패션 디자이너가 되고 싶어 하지요. 하지만 잦은 야근과 밤샘에다 새로운 디자인에 대한 스트레스가 심해 중간에 그만두는 패션 디자이너들이 꽤 많아요.
"그래도 행복해요, 실장님! 얼마 전에 지하철을 타고 가는데, 어떤 사람이 제가 디자인한 티셔츠를 입은 거예요. 어찌나 반갑던지 저도 모르게 그 사람을 따라 내렸지 뭐예요. 저 우습지요? 하하!"

디스플레이어 사람들의 관심을 끌 수 있도록 상품을 멋지게 장식하고 진열하는 일을 해요.

숍 마스터 백화점이나 옷 가게에서 손님들에게 상품을 추천하고, 상품을 사도록 해요.

상품 기획자 사람들이 사고 싶어 하는 상품을 골라내어 적당한 때 알맞은 가격으로 공급하는 일을 해요.

 두근두근, 긴장되는 품평회

마침내 샘플 옷을 모두 완성했어요. 이제는 품평회*를 거쳐
샘플 옷 가운데 어떤 것을 상품으로 만들지 결정해야 해요.
품평회 날이 되자, 막내 디자이너부터 진보라 실장까지 품평회
준비로 바쁘게 움직여요. 그런데 모두 시험을 앞둔 학생처럼 잔뜩 긴장했어요.
자신이 만든 샘플 옷이 사람들에게 좋은 평가를 받았으면 하는 마음 때문이지요.
잠시 뒤, 그동안 공들여 만든 샘플 옷들이 무대 위에 하나씩 나타났어요.
심사 위원으로 나온 상품 기획자, 숍 마스터 등이 샘플 옷들을 요모조모
살펴보면서 점수를 매기기 시작했지요. 진보라 실장은 품평회가 끝날 때까지
잠시도 마음을 놓을 수가 없었어요. 다행히 샘플 옷들이 마음에 드는지
심사 위원들의 표정이 밝았어요. 품평회 결과도 아주 좋게 나왔지요.
동화책에서 따온 무늬도 색다르고 색깔도 독특해서 상품으로 만들었을 때
좋은 반응을 얻을 것 같다는 의견이었어요. 무사히 품평회를 마친 진 실장은
평가 결과를 정리하여 어떤 샘플 옷을 상품으로 만들지 결정했어요.

품평회 새로 만든 옷 가운데 어떤 옷이 좋은지를 평가하는 자리예요. 품평회에는 회사 사장님을 비롯하여
디스플레이어, 상품 기획자 등이 심사 위원으로 참여하여 샘플 옷을 보면서 하나하나 점수를 매기지요.

품평회에서 선택된 샘플 옷들은 여러 사람의 의견을 반영하여
새롭게 고치고 다듬어요. 그런 다음 완성된 디자인을 옷 공장에 보내지요.
"큐시* 작업 하러 공장에 간 연분홍 팀장은 아직 안 왔나요?"
진보라 실장이 다른 디자이너에게 물었어요.
"내일 백화점에 나가야 할 후드 티셔츠에 문제가 생겨서 늦는다고 하셨어요."
무슨 문제가 생겼는지 궁금해서 진 실장이 공장에 전화를 걸려고 하는데,
연분홍 팀장이 옷을 들고 다급한 표정으로 헐레벌떡 들어왔어요.

"염색이 잘못돼서 후드 티셔츠의 모자 끈을 전부 새로 끼워 넣어야 해요. 시간이 별로 없는데 큰일이에요."
진 실장이 살펴보니, 모자에 끼워진 끈이 얼룩덜룩 지저분했어요.
한창 잘 팔리는 후드 티셔츠라 빨리 문제를 해결해야 했어요.
진 실장은 직접 공장으로 달려가 모자 끈을 새로 끼우는 일이 잘되고 있는지 살펴보았어요.

큐시 공장에 옷을 만들라고 지시하거나, 또는 옷이 잘 만들어지는지 살펴보고 관리하는 것을 말해요.

 새로운 패션쇼를 준비하다

일도 잘 마무리되고 샘플 옷도 상품으로 만들어져 사무실에 도착했어요.
《이상한 나라의 앨리스》의 느낌이 옷에 잘 표현되었어요.
진 실장의 입가에 기쁨의 미소가 떠나지 않아요.
이제 새 상품을 사람들에게 잘 알리기만 하면 좋은 반응을 얻을 것 같아요.

카탈로그(상품을 소개하는 책자)를 만들려면 사진 촬영을 해야 해요. 디자이너는 사진을 찍기 전에 사진작가와 모델, 메이크업 담당자, 헤어 디자이너 등과 의견을 나누어 사진이 멋지게 나오도록 하지요.

새 상품에 대한 기사가 실리도록 잡지사로 옷에 대한 정보를 알려 주어요.

ALICE IN WONDERLAND

사람들이 옷을 사게 하려면 가게 쇼윈도를 잘 꾸며야 해요. 디자이너는 옷을 잘 표현할 수 있는 방법을 생각해서 매장 주인들에게 알려 주어요.

우선 영업부에서 일하는 패션 마케터와 함께 홍보 전략을 짰어요.
새 옷을 사진으로 찍어 카탈로그를 만든 다음, 옷을 파는 가게에 두고 손님들에게 나누어 주기로 했어요. 가게의 쇼윈도는 동화에 나오는 카드가 날아다니는 듯 색다르게 꾸몄고요. 또 잡지사에 새 옷이 얼마나 독특한지 알려서 잡지에 싣고, 고객들을 초청하여 패션쇼도 열기로 했지요.

새 옷을 알리는 패션쇼를 열기로 한 진보라 실장이 패션쇼 무대에 설 모델들을 뽑으러 모델 에이전시에 들렀어요. 모델들의 걷는 모습과 얼굴 표정, 분위기를 자세히 살피면서 옷을 돋보이게 할 모델들을 뽑았지요. 그리고 모델 에이전시 담당자와 함께 패션쇼 연습 날짜와 피팅* 일정을 정했어요.

피팅 모델들이 직접 옷을 입어 보면서 몸에 맞게 옷을 고치는 것을 말해요.

패션 디자이너에게 필요한 자질은?

밥보다 옷이 더 좋을 만큼 옷에 대한 호기심과 열정이 필요해요. 또 항상 새로운 디자인을 생각해 내야 하니까 창의력도 있어야 하지요. 그러려면 어릴 때부터 미술 작품이나 음악, 사진, 건축 등 많은 것을 보면서 다양한 경험을 쌓는 것이 좋아요. 또 디자인 개발은 여럿이 함께 해야 하는 일이기 때문에 다른 사람을 배려하는 마음이 있어야 하지요.

무대 연출자와 함께 패션쇼 장소와 무대 장치, 음악을 어떻게 할지 정해요.

옷에 잘 어울리는 머리 모양과 화장법을 정하고, 구두와 가방 등 액세서리를 골라요.

패션쇼 날이 되면 무대 뒤편에서 모델들이 옷을 입고 분장을 해요.

패션쇼를 하려면 신경 쓸 것이 한두 가지가 아니에요.
무대 설치를 해 주는 회사에 연락해서 어떻게 무대를
꾸밀지 의논하고, 모델들의 머리 모양과 화장은 어떻게 할지,
구두와 가방, 액세서리는 무엇으로 할지 정해야 하지요.
또 패션쇼 연습도 해야 한답니다. 진보라 실장은
디자이너들에게 일을 나누어 맡겼어요.
그리고 진 실장은 처음부터 끝까지 모든
과정을 하나하나 챙기면서 총지휘를 했지요.

패션쇼가 실수 없이 진행되도록 여러 번에 걸쳐 반복 연습을 해요.

새 디자인을 런웨이에서!

어둠에 싸였던 무대가 재잘재잘 이야기를 나누는 아이들의
목소리와 함께 화려하게 열렸어요. 모델들이 입은 옷이
구경 온 사람들의 감탄을 자아냈어요.
"와, 무대도 독특하고 옷도 아주 근사한걸!"
진 실장은 그동안의 고생이 눈 녹듯 사라지는 것 같았어요.
패션쇼 때문에 지난 며칠간 날마다 두세 시간씩밖에
못 잤지만 표정만큼은 어느 때보다 생기 있고 밝아요.

진보라 실장이 모처럼 홀가분한 마음으로 자유로운 시간을 즐기고 있어요. 패션쇼도 무사히 치렀으니 오늘만큼은 머릿속에서 일에 대한 생각을 깨끗이 지워 버리려고 해요. 하지만 자신도 모르는 사이에 거리를 걷고 있는 사람들의 옷차림에 자꾸만 눈길이 갔어요. 발걸음은 어느새 옷 가게 앞에 멈춰 있고요. 진보라 실장이 직접 디자인한 옷이 걸려 있는 쇼윈도 앞이었지요.
'언젠가는 꼭 세계적인 디자이너가 될 테야. 나 말고는 그 누구도 디자인할 수 없는 옷을 만들어야지.'
진 실장은 마음속으로 자신의 꿈을 다시 한 번 굳게 다졌어요.
진 실장의 입가에 살며시 행복한 미소가 떠올랐어요.

아름다움을 꽃피우는 디자이너의 세계

무엇이든 예쁘게 꾸미고, 멋지게 만드는 것을 좋아한다고요? 게다가 그림 그리는 것도 좋아하고 톡톡 튀는 창의력도 있다고요? 그렇다면 디자이너의 세계에 도전해 보세요. "미래에는 모든 기업이 디자인으로 경쟁할 것이다."라는 말이 나올 만큼 디자인과 디자이너의 중요성은 앞으로 점점 더 커질 거랍니다.

캐릭터 디자이너

캐릭터 디자이너란 둘리, 미키 마우스, 라이언 킹, 피카추 등 인기 있는 인물이나 동물, 심벌을 디자인 하는 사람이에요. 캐릭터는 영화와 애니메이션을 비롯하여 문구와 장난감, 생활용품, 그리고 인터넷 공간에 이르는 여러 분야에서 다양하게 활용되고 있어요. 풍부한 상상력과 그림 솜씨가 있다면 컴퓨터 그래픽 프로그램 다루는 법을 배워 캐릭터 디자이너에 도전할 수 있어요. 모든 사물을 주의 깊게 관찰하는 습관과 다양한 책 읽기를 통해 폭넓은 지식을 쌓는 것이 필요하지요.

자동차 디자이너

자동차 디자이너는 '쇠의 마술사'라고 불린답니다. 차갑고 딱딱하고 무거운 쇳덩어리에 아름다움을 불어넣는 일을 하니까요. 겉모양만 멋있고 아름다운 자동차가 아니라 더 빨리 달리면서도 편리하고 안전하고 경제적인 자동차를 만들어야 하기 때문에 자동차 디자인은 다른 어떤 분야보다 까다롭지요. 신제품 하나를 디자인하려면 약 1년여의 시간이 필요하고, 여기에 시험 단계와 품평회를 거쳐 사람들에게 판매되기까지는 적어도 5년 정도가 걸린다고 해요. 자동차 디자이너가 되려면 대학에서 공업 디자인이나 산업 디자인을 공부한 뒤 자동차 회사에 들어가 일하면서 배우는 것이 가장 빠른 길이에요.

공공 디자이너
많은 사람들이 함께 이용하는 공간과 그곳에 있는 시설물을 아름다우면서도 사용하기 편하게 디자인하는 사람을 공공 디자이너라고 해요. 밝은 빛을 뿜어내는 우아한 가로등, 낭만적인 벤치, 귀엽고 예쁜 전화 부스, 독특한 모양의 쓰레기통, 미술관처럼 멋지게 꾸민 화장실 등 공공 디자인의 영역은 무궁무진하지요. 생활 수준이 높아질수록 아름다운 공간에서 살고 싶은 욕구도 커지기 때문에 앞으로 공공 디자이너의 역할은 더 커질 거예요.

조명 디자이너
'빛을 다루는 연금술사'로 불리는 조명 디자이너는 빛을 이용하여 공간에 색깔을 입히고 생동감을 불어넣는 일을 해요. 조명 디자이너는 크게 무대 조명과 건축 조명으로 나뉘어요. 실력 있는 조명 디자이너가 되려면 디자인 솜씨뿐만 아니라 전기나 전자 분야에 대한 전문 지식을 갖추는 것이 필요해요. 자기만의 독특한 빛과 조명 기구를 만들어 내려는 노력도 기울여야 하지요.

무대 디자이너
무대 디자이너는 말 그대로 무대 공간을 디자인하는 일을 해요. 방송국의 스튜디오 무대, 콘서트홀의 무대, 소극장의 연극 무대, 테마파크의 공연 무대, 박물관 등이 모두 무대 디자이너의 일터이지요. 다양한 목적에 따라 무대를 꾸며야 하기 때문에 상상력도 뛰어나야 하고 예술 작품을 감상할 줄 아는 능력도 필요하지요. 하나의 무대를 완성하려면 많은 사람들과 함께 일해야 하므로 사람들을 만나고 지내는 데 어려움이 없어야 해요.

패션 디자이너는요,

새롭고 아름다우면서 편안하게 입을 수 있는 옷을 만들어 내는 사람이에요. 패션의 흐름을 분석하고 시장 조사를 통해 사람들이 입고 싶어 할 만한 옷을 디자인하지요.

패션 디자이너는 유행을 창조하는 직업이라 무척 화려해 보이지만, 실제로는 매우 바쁘고 힘들게 일해요. 늘 새로운 아이디어를 생각해 내야 하기에 스트레스도 많이 받고, 시기에 맞추어 옷을 제작해야 하므로 밤샘과 야근을 할 때가 많아요. 또 마음에 드는 옷감이나 부자재를 구하기 위해 시장에도 자주 가고, 최신 패션 감각을 익히고 다양한 정보를 수집하기 위해 해외 출장도 잦은 편이라 육체적으로도 힘들지요. 하지만 자신이 디자인한 옷을 많은 사람들이 좋아하고 인정해 줄 때에는 큰 보람과 자부심을 느낀답니다.

패션 디자이너가 되려면 디자인 학원이나 대학의 디자인 관련 학과에서 패션에 관한 이론과 실기 실력을 갖추면 도움이 돼요. 패션이 발달한 다른 나라에 가서 공부를 할 수도 있지요. 하지만 무엇보다 중요한 것은 옷에 대한 호기심과 열정을 갖고 열심히 노력하는 것이에요. 평소 옷에 관심이 많은 어린이라면 패션 디자이너의 멋지고 매력적인 세계에 도전해 보면 어떨까요?

공공 디자이너

많은 사람들이 함께 이용하는 공간과 그곳에 있는 시설물을 아름다우면서도 사용하기 편하게 디자인하는 사람을 공공 디자이너라고 해요. 밝은 빛을 뿜어내는 우아한 가로등, 낭만적인 벤치, 귀엽고 예쁜 전화 부스, 독특한 모양의 쓰레기통, 미술관처럼 멋지게 꾸민 화장실 등 공공 디자인의 영역은 무궁무진하지요. 생활 수준이 높아질수록 아름다운 공간에서 살고 싶은 욕구도 커지기 때문에 앞으로 공공 디자이너의 역할은 더 커질 거예요.

조명 디자이너

'빛을 다루는 연금술사'로 불리는 조명 디자이너는 빛을 이용하여 공간에 색깔을 입히고 생동감을 불어넣는 일을 해요. 조명 디자이너는 크게 무대 조명과 건축 조명으로 나뉘어요. 실력 있는 조명 디자이너가 되려면 디자인 솜씨뿐만 아니라 전기나 전자 분야에 대한 전문 지식을 갖추는 것이 필요해요. 자기만의 독특한 빛과 조명 기구를 만들어 내려는 노력도 기울여야 하지요.

무대 디자이너

무대 디자이너는 말 그대로 무대 공간을 디자인하는 일을 해요. 방송국의 스튜디오 무대, 콘서트홀의 무대, 소극장의 연극 무대, 테마파크의 공연 무대, 박물관 등이 모두 무대 디자이너의 일터이지요. 다양한 목적에 따라 무대를 꾸며야 하기 때문에 상상력도 뛰어나야 하고 예술 작품을 감상할 줄 아는 능력도 필요하지요. 하나의 무대를 완성하려면 많은 사람들과 함께 일해야 하므로 사람들을 만나고 지내는 데 어려움이 없어야 해요.

패션 디자이너는요,

새롭고 아름다우면서 편안하게 입을 수 있는 옷을 만들어 내는 사람이에요. 패션의 흐름을 분석하고 시장 조사를 통해 사람들이 입고 싶어 할 만한 옷을 디자인하지요.

패션 디자이너는 유행을 창조하는 직업이라 무척 화려해 보이지만, 실제로는 매우 바쁘고 힘들게 일해요. 늘 새로운 아이디어를 생각해 내야 하기에 스트레스도 많이 받고, 시기에 맞추어 옷을 제작해야 하므로 밤샘과 야근을 할 때가 많아요. 또 마음에 드는 옷감이나 부자재를 구하기 위해 시장에도 자주 가고, 최신 패션 감각을 익히고 다양한 정보를 수집하기 위해 해외 출장도 잦은 편이라 육체적으로도 힘들지요. 하지만 자신이 디자인한 옷을 많은 사람들이 좋아하고 인정해 줄 때에는 큰 보람과 자부심을 느낀답니다.

패션 디자이너가 되려면 디자인 학원이나 대학의 디자인 관련 학과에서 패션에 관한 이론과 실기 실력을 갖추면 도움이 돼요. 패션이 발달한 다른 나라에 가서 공부를 할 수도 있지요. 하지만 무엇보다 중요한 것은 옷에 대한 호기심과 열정을 갖고 열심히 노력하는 것이에요. 평소 옷에 관심이 많은 어린이라면 패션 디자이너의 멋지고 매력적인 세계에 도전해 보면 어떨까요?

• **도움을 준 책과 인터넷 사이트**

《꿈을 입히는 패션 디자이너》, 유다정, 주니어랜덤
《만화로 보는 직업의 세계》, 와이즈멘토, 동아일보사
《붉은색의 베르사체 회색의 아르마니》, 최경원, 길벗
《패션이 팔랑팔랑》, 마이클 콕스, 주니어김영사
삼성디자인넷 http://www.samsungdesign.net
퍼스트뷰코리아 http://www.firstviewkorea.com

• **일러두기**

1. 맞춤법과 띄어쓰기는 국립국어원에서 펴낸 〈표준국어대사전〉을 기준으로 삼았습니다.
2. 외국 인명, 지명은 국립국어원의 〈외래어 표기 용례집〉을 따랐습니다.
3. 용어는 국립국어원에서 펴낸 〈표준국어대사전〉을 따랐습니다.